信じること、生きること

大人になった「僕」が、10代の「僕」に伝えたいこと

朝岡勝
Asaoka Masaru

いのちのことば社

ちょっと長いまえがき

　ここに収めた文章は、キリスト教月刊誌「百万人の福音」（いのちのことば社）に二〇二三年の一年間、連載したものにいくつかの文章を書き加えたものだ。毎回、若い方々に読んでほしいと願って書きながら、月刊誌連載という形式でそのような読者に届くのは難しいのではないかとも考えていたので、こうして一冊の本にまとめることができて、ほんとうにうれしく思う。

　単行本化を進めるにあたっての打ち合わせで、連載時の十二回分だけでは分量的に足りないので、もう少し書き足してはどうかという提案を受けた。執筆を始めるにあたって自分なりに十二回分の構成を考えていたので、後から書き足すとなるとどういう内容にすべきかずいぶんと悩んでしまった。そこで一つの章を書き加え（5章「主がついていれば」）、あわせて少しボリュームのある「まえがき」と「あとがき」を加えることにした。ここではまず、本書の書名にもなった連載のタイトルについて少し思うところを記しておきたい。

メインタイトル『信じること、生きること』については、本書の13章で書いたように、以前からずっと伝え続けてきた大切なフレーズなので、「これでいこう」とすんなり決まった。それに加えて、『大人になった「僕」が、十代の「僕」に伝えたいこと』というサブタイトルが付いた。全体のコンセプトを考えた際に、漠然《ばくぜん》と大人が若者にメッセージを伝えるというものでなく、そこに何かしらの具体性やリアリティーが必要だと思ったのだ。

　では、どのようにして具体性やリアリティーを表現するのかと考えた時に一番手っ取り早い方法として思いついたのが、僕自身をまな板に乗せて、その経験を開示するというものだった。

　そんなわけで、本書に登場するエピソードはどれも僕自身の経験に基《もと》づいている。厳密《げんみつ》には「十代」よりも年齢の幅は広く、三、四歳頃から二十代前半ぐらいまでになっているけれど、その多くは十代半ば、ちょうど十五、六歳から十八、九歳頃に経験したことが中心になっている。

　とりわけその中心となるのは、「十六歳」の頃のことだ。僕にとって「十六歳」というのは特別の意味を持っており、それは今に至るまで影響を与え続けている。その理由は本書のいくつかの章に書いたので、読んでもらえればおわかりいただけると思うが、ともかく「僕」という人間が形成されるうえで、「十六歳」は決定的な時であったと言える。

この本が出る頃には、僕は五十六歳になっている。そして、今この文章を書きながら戸惑《とまど》いのようなものを感じている。「大人になった『僕』が、十代の『僕』に」と言う時に、少なくともそこには四十年の歳月が流れているのだ。「あれから四十年！」と思っただけで、ちょっとした目眩《めまい》がする。

十六歳の僕には、五十六歳になっている自分の姿などまったく想像もできなかった。父が四十八歳で亡くなったこともあって、どこかで自分の人生の終わりもその辺り、と考え続けてきたところがあり、その後の人生がどうなるかなんてまるで考えたこともなかったのだ。

それが五十代半ばまで生きることが許されているという事実を前にして、まずは神さまに「生かしてくださってありがとうございます」と心からの感謝をささげずにはいられない。

そのうえでの戸惑いは、「大人になった僕」と言うけれど、それが意味するものは何かということだ。ほんとうに僕は「大人になった」のか。そもそも「大人になる」とはどういうことなのか。何をもって「大人」と呼ばれるのか——。

これは考え出すとなかなか難しい問題だ。単純に生きてきた年月だけを考えれば、五十半ばの僕は間違いなく「中年男性」であり、一般的に成人年齢をはるかに超えた「大人」に分類される。

神学校を卒業して牧師になり、三十数年、教会と神学大学で仕えてきた。それなりの知識と経験、洞察と判断を身に着けてきたつもりでもある。けれども、それで自分が「大人になった」と言えるのかと真正面から問われたら、正直に言って心許《こころもと》ない。

さらなる戸惑いは（こちらがより重要だ）、そんな「大人になった僕」が「十代の僕」にいったい何を語ることができるだろうか、ということだ。もちろんタイムトリップでもしないかぎり、五十代の僕が直接に十代の僕に語ることなどできるわけはない。言うまでもなくこの表現はあくまでも「比喩《ひゆ》」であって、ここでの「十代の『僕』」とは、要するに本書を手にしてくれている「あなた」を含むものでありたいというのが、この本の大事なコンセプトとなっている。

しかし、そこで根本的な問いに直面する。

「いったい、どこの十代の彼／彼女が、五十代半ばのおじさんの言葉や経験などを聞きたいと思うのか？」という問いだ。

「何をいまさら」ということなのだが、実際、そうだろう。今から四十年前の僕を思い出してみても、あるいは仮に今の僕が十代を生きているとしても、もし五十代の牧師から呼び出されて「話をしよう」と言われたら、正直「勘弁《かんべん》してほしい」と思うだろう。

長いし、くどいし、説教くさい。そしていつもの決まりきった「常識」や「正論」を言われるのではないか。こちらの悩みを聞くふりをしながらすでに持っている「正解」を差し出されるのではないか。「私がきみぐらいの年の頃は……」とよくわからない自慢話のような経験談に付き合わされたり、「みんなも同じだよ」とか「そのうちにわかるようになる」という今の自分に何の役にも立たないアドバイスを与えられたり、挙《あ》げ句《く》の果てには決定打として「神さまのみこころ」について語られたりするのではないか――。

かつての自分はそう思っていたし、今でもそういう思いを抱くことがないわけではない。

それでも僕としては、今、十代を懸命に生きている「あなた」に、「信じること、生きること」を伝えたいと願う心がはっきりとある。

本書には「信じ方」、「生き方」について「こうすればよい」、「これが答えだ」というようなことは書かれていない。もしそれを期待する方があったらお許《ゆる》しいただきたい。

むしろ僕自身が若い時に悩み、もがき苦しみ、訴《うった》えかけ、また慰められ、励まされてきた生ける神さまとの関わりを、できるかぎり具体的に、正直に、そしてリアリティーをもって開示することによって、壁にぶつかったり、石に躓《つまず》いたり、自分に嫌気がさしたり、息をするのも苦しかったりしながら、それでも一日一日を生き延《の》びているあなたに、何とかして「信じること、生きること」の喜びをお伝えできたらと願う。

そして、あなたがこの本を読み終えた時、信じること、生きることについての何かしらの手がかり、何かしらの足がかりを受け取り、生きている神さまがあなたの傍《かたわ》らにいてくださること、あなたの背中を押してくださることをリアルに経験してくれたら、僕にとってこれ以上の喜びはない。

目次◉信じること、生きること

帯・表紙挿画＝菅原朋子

1章　「祈って決めなさい」

「祈って決めなさい」

十代半ばから二十代に入った頃、大事な相談をしに母のところに行くと、決まって返ってきたのがこのフレーズ。

そもそもあまり親に相談することなく歩んでいた十代半ば。それでも将来のことや卒業後の進路のこと、伝道者の道に進むことなど、自分にとって大きな判断や選択、決断をしなければならない時、それでいてなかなか一人では決めきれない「ここぞ」という時には、母のもとに相談に行った。

すでに父は亡くなっており、親と話すと言えば母一択。それなら牧師に相談すればという考えもあるが、母が牧師でもあったので大事な相談となれば必然的に母と話すことになる。

そんなわけで、思い切って母のもとに行き、少しあらたまって自分の思いを口にすると、返ってくる言葉は、ほぼいつもこれだった。

「祈って決めなさい」

それなりの覚悟をもって母に話した僕からすれば、このフレーズはちょっと拍子《ひょうし》抜けするような、そしてそれ以上に不満を覚えるようなものだった。せっかく思い切って自分の悩みを打ち明けているのだから、もう少し何か言いようがあるのではないか。何かしらのコメントや具体的なアドバイスの一つや二つをくれてもよいのではないか。

それで、時には「もう少し、何かないの？」と聞き返したこともあったほど。それでもやはり母の答えは変わらず、いつものフレーズだった。

「祈って決めなさい」

無関心か、信頼か

しかも、このフレーズは時々こんな変化をすることもあった。

「それはあなたが祈って決めなさい」

「それはひとりで祈って決めなさい」

特にコメントやアドバイスがなくても「せめて一緒に祈ってくれてもいいのでは……」などと思う僕に、「あなたが」、「ひとりで」と言うのはとどめを刺すようなもの。もちろん一緒に祈ってくれることもあったけれど、テーマが大きく、重くなればなるほど、こうした変化形になる割合は高くなったように思う。

当時の僕はこれらのフレーズを聞くたびに、ひとりで勝手にこんな思いを抱いていた。

「きっと母は教会のことで頭も心もいっぱいで、ゆとりがないのだろう」、「教会の人の話はよく聞いているのに、どうして息子の話にはこの一言なのだ」、「姉や兄や妹の話はちゃんと聞いているのかも？」、「そもそも自分には関心がないのではないか？」などなど。

今にして思えば、どうしてこんな面倒くさいことをあれこれ考えていたのだろうと思うけれど、放っておいてほしいような、関わっていてほしいような、離れておきたいような、でも近づきたいような、そんな親との微妙な距離感を測りながらの十代だったのだ。

「祈って決めなさい」

母も天の御国《みくに》に帰った今、あの時の真意を確かめる術《すべ》はなくなった。

そして今にして思う。あのフレーズは決して「無関心」から出たものでなく、むしろそれは母の「信頼」の証《あか》しだったのではないかと。

それは、僕への信頼でないことはわかっている。あの頃の僕がいかに親から信頼されない姿だったかは、自分がよくわかっている。だから「祈って決めなさい」と言うのは、母にとってもじつは難しい言葉だったのではないかとさえ思う。

「祈って決めなさい」と言った以上、僕が「祈って決めた」といって選び取る選択が、母から見てとうてい受け入れがたいものや無謀《むぼう》なものだったとしても、「祈って決めた」と言われたらその選択は否定できないからだ。

「祈って決めなさい」は、母の神さまに対する信頼の証しだったのだろうと思う。神さまを信頼するゆえに、ひとりで祈って下《くだ》す僕の決断を信頼しようとしてくれていたのだと。自分の人生を神の前で決断するように。祈って決めたなら、そのように進むように。他人の言葉や考えによって左右されたり、自分で引き受けるべき責任をだれかのせいにしたりすることなく、神さまに応答するひとりの人格として御前《みまえ》に出て、神さまと格闘して、神さまの御声《みこえ》を聞いて進み出すように、と。

そこには神に従う信仰と、自分自身の主体的な決断のどちらも大切にしつつ、それらを一つのこととして受け取ることができるようにとの母の祈りが込められていたのだと思う。そして事実、ひとりで祈って下した僕の決断に母が異を唱えることはなかった。

あれから三十年以上の月日がたち、自分もあの頃の親の年齢を越えた今、時々子どもたちが相談に来ると、こう言っている僕がいる。

「祈って決めなさい」

2章　生きるってむずかしい

「いったいこれに何の意味があるのか」

「どうしてこんな思いをしなきゃならないの？」

「なんでいつもこうなんだろう」

「そんなこと絶対に受け入れられない！」

周囲にどう映っていたかはわからないけれど、あの頃の自分の内側には、いつもこんな言葉が動き回っていたように思う。

それは、時には自分に対して向けられる言葉であり、時には周囲の大人たちに向けられる言葉であり、また時には神さまに向けられる言葉でもあった。

今にしてみれば、「そんなことで悩まなくても」「些細《ささい》なことを気にしなくても」と思う。「なにも真正面からぶつからなくても」「もう少し上手なかわし方があるのに」と言いたくなる。

それでも、その時が生きることとの最前線であった自分にとっては、どれもこれもが人生の一大事に思えて仕方がなかった。思春期にありがちな、やっかいな自意識に引きずられながら、あれこれと悩み、些細なことを気にする中で自分自身と向き合うことを学んでいたのだと思う。

そして目の前の壁に問いをぶつけ、問いかける自分がその壁に真正面からぶつかって、その痛みを通して身体で知っていったのだと思う。

「生きるってむずかしい」と。

装《よそお》い、繕《つくろ》い、飾り立て

小さい頃から何をやっても不器用で、作るより壊すのが専門。勉強もスポーツもいまいちで周囲を落胆させるばかり。身体は大きいのに、けがや病気を一手に引き受けて病院通いの日々。そこそこ貧しい牧師家庭ゆえに友だちとの遊びも釣り合わず、何か一つでも抜きん出てみたいと思いながらそういう強みもなく、たまに張りきってみては失敗する。そんな自分に付いている「勝」という名前を重荷に感じる毎日だった。

やがて中学、高校と進むに連れて、今度は周囲の大人たちの期待に応えるにはどう振る舞えばよいのか、友人たちに一目《いちもく》置かれるにはどう立ち回ればよいのか、自信も実力もないのになるべく自分を大きめに見せ、上手に立ち回り、生き延びる術《すべ》を身につけるようになった。

そんな努力が功《こう》を奏《そう》してか、学校、教会、友だち、大人たちの中でいくつかの顔を使い分けながら、期待を裏切らないように、実力は悟られないようにと装い、繕い、飾り立てる術は上達していった。

しかし、それで生きることは楽になったかと言えば、当然のことながらそうはいかず。むしろ自分ではわかっている〝ほんとうの自分〟との埋められないギャップに落ち込み、自分の中の引け目や劣等感《れっとうかん》、苦手意識にますます苛《さいな》まれる日々が続いた。

そんな面倒くさい日々を生きていたあの頃の自分を思うと、いっそ開き直ってほんとうの自分をさらけ出し、「僕は僕だと吹っ切って生きればよい」、「自分らしく生きればよい」、「そのうち気にしなくなる」、「若い時はみんな通る道だよ」と声をかけたい気持ちにもなる。

けれど、もしあの頃にそんな言葉をかけられても自分はとうてい納得しなかっただろう。わかったような口ぶりで定型文のような言葉を言われたら、きっとその場ですぐさま背中を向けていたかもしれない。

むしろ、あの頃の自分に声をかけられるなら、「そうだよね。生きるってむずかしいよね」と言いたい。確かに生きることはむずかしい。そして未熟で未完成な十代でも、生きることのむずかしさは身にしみてわかるものなのだ。

生きることに寄りそって

若い時からずっと聖書を読み続けてきて、自分の視点が変化していることに気づく。聖書に出てくる人間たちの姿が前よりもくっきりと輪郭《りんかく》をもって立ち上がり、それぞれの人生が深みをもって僕に向かって迫《せま》ってくる、そんな感覚を抱くのだ。

聖書の中心におられる主イエス・キリストのお姿も、旧約、新約聖書に登場するさまざまな信仰者たちの、かつては気づかなかったり、心に留めなかったり、あまり共感できなかったり、評価できなかったりした姿も、今となっては新しい気づきとともに迫ってくるという経験をする。誘惑に負けて罪に陥《おちい》る姿、取り返しのつかない失敗をする姿、大きな挫折《ざせつ》を味わいどん底まで落ちる姿、自分の計画とかけ離れた波乱万丈《はらんばんじょう》の歩みをする姿。成功とはほど遠い苦難の道を行く姿——。

そんな姿を見つめる時、かえって聖書の真実さ、神さまの真実さに圧倒される。これだから聖書はおもしろい。

彼らも決してまっすぐに生きてきたわけではない。信じて生きる道にもこんな試練や困難がある。よろめくように、右往左往《うおうさおう》するように、進んでは立ち止まり、遠回りをさせられ、来た道を引き返すことすらある。そんな彼らに寄りそわれる方が、この僕の人生にも寄りそい続けてくれていると思うと、あの頃の僕にこう言いたい。

「生きるってむずかしい。でも、それはそれで捨てたものではない」

3章　まじめもわるくない

十年ぐらい前のことだろうか。「まじめか！」とツッコミを入れるお笑い芸人さんがテレビを賑《にぎ》わせていた。

テンポよく進むやりとりの最中に突然正論を放り込んだり、おもしろおかしい話を振られて重い話題で返したりと、そんな姿がその場の空気にそぐわない「ズレ」を生み出し、それが「ボケ」の役割を果たしたところに「まじめか！」の一言でどっと沸《わ》く。

なるほど、確かにおもしろい。話を引っ張り上げられるだけ引っ張り上げたところでオチを作ってのツッコミは、構成としてもよくできている。なんて素人が分析じみたことをするとツッコまれるかもしれない。

「まじめか！」

でも少し立ち止まってみると、「ちょっと待てよ」とも思う。「まじめか！」がツッコミの役割を果たすということは、まじめな態度や物言いが「ボケ」の役割を果たしていることになる。そう。まじめは笑いの対象であり、もっと言えばバカにされる態度でもあるのだ。

今に始まった話ではない。自分のことを振り返ってみても「あいつ、まじめだよね」というのは、決して褒《ほ》め言葉ではなかった。それは「堅苦《かたくる》しい」、「融通《ゆうずう》が利《き》かない」、それゆえに「友だちづきあいが悪い」、「自分たちとは違う」というレッテル貼りの道具であり、いわゆる「いじられキャラ」への嘲笑《ちょうしょう》の道具でもあった。

言われたくない言葉

中学、高校時代の僕にとって、言われたくない言葉ランキングの上位に位置していたのが「まじめ」。

一九八〇年代の茨城といえば、ヤンキー文化の最盛期。腕力と度胸《どきょう》の有無で序列が決まるという世界の中で、重んじられるのは「どれだけケンカが強いか」と「どれだけ危ないことができるか」という価値観。実際にはさほど実力がなくても、「見栄《みえ》」と「はったり」を効《き》かせ、いかに「まじめでなく」生きるかが友だちから認められるうえでの一大テーマだった。

そんな世界を生き抜くために、腕力のない僕も悪友たちの誘いに乗って一通りのやんちゃには手を染めてみた。しかし悲しいかな（今となっては幸い？）牧師家庭育ちの身についた「まじめ」が邪魔をして、あるところまでは行けても、その先の一線を越えられずに立ち止まってしまう。そこで発せられる悪友たちからの「おまえ、まじめだからなあ」の一言。

それは当時の僕にとっては「度胸がない」と突き放され、見限られることを意味する痛恨《つうこん》の一言だった。だからといって一線を越える度胸もなく、まじめさを捨て去って生きることもできず、なんとも中途半端な毎日だったことを思い出す。

真剣さ、一途《いちず》さに触れて

そんな中途半端さから救い出された一つのきっかけは、幼い頃から参加していた松原湖《まつばらこ》バイブルキャンプの存在だった。高校一年生の夏、このキャンプで十日間ほど奉仕《ほうし》をする機会があった。「グランドワーカー」と呼ばれる奉仕の中身は早朝五時からのトイレ掃除に始まり、集会の椅子並べ、レクリエーションの後片付け、食後の皿洗いからキャンプファイヤーの薪組《まき》みなど、ひたすら裏方仕事に徹《てつ》するものだった。

そこで出会った信仰の先輩たち、神学生や大学生、同世代の高校生たちは、皆とても「まじめ」だった。「堅苦しい、融通の利かない」まじめさではない。みんな個性的で、型破りで、それまで出会ったことがないような強烈なキャラクターの持ち主ばかり。そんな彼らはまじめに祈り、まじめに働き、まじめに遊び、まじめにふざける驚くべき人々だった。そこにあった「まじめさ」とは、要するに神さまに対する姿だったと思う。

寝ぼけ眼《まなこ》で膝をついてトイレ掃除をする姿、汚れたジーンズにゴム長靴姿でどこにでも出て行く姿、キャンプファイヤーの前に輪になって「雨が降りませんように！」と祈る姿、他人の目に映る自分を気にせず、他人の評価に左右されず、神さまの前で精いっぱい生きる姿。その真剣さ、その一途さに触れて、自分の中で何かが解き放たれた。そして思った。

「まじめもわるくない」

イエスさまが招く生き方

ノリとテンポとおいしいリアクションが求められる。器用でそつなく要領《ようりょう》よい立ち居振る舞いが重んじられる。ちょっと斜《しゃ》に構《かま》え、捻《ひね》りをきかせ、あえて「外《はず》して」みせるぐらいがかっこいいとされる。そんな空気の中に身を置いて、いつしか「まじめ」に生きることを恥じてしまうことがあるかもしれない。

でも、ちょっと待ってほしい。まじめであること。正直であること。裏表を使い分けないこと。不器用なほどに愚直《ぐちょく》であること。これらはイエスさまが僕たちを招く生き方なのではないか。そして、事実、イエスさまの招きに応えて歩んだ弟子たちの、「見たことや聞いたことを話さないわけにはいきません」（使徒四章二〇節）というまじめさが、福音をここまで運んでくれたのだ。

そう思うと「まじめもわるくない」。

いやいや、「まじめってかっこいい！」

4章　頭を下げて見えるもの

中学の終わりぐらいから高校にかけて、ぐんぐんと背が伸びた。

朝食を食べて学校に行き、二時間目が終わると早弁をすませ、昼休みは友だちと学校を抜け出して近くのラーメン屋さんに入り浸《びた》り、家に帰るとおやつ代わりに食パン一斤《きん》ぐらいを平らげ、夕食をしっかりと食べた後、夜中に勉強もしないくせに夜食だといって軽く食べる。

そんな感じで一日に五～六食ほど食べ続けた結果、蓄《たくわ》えられた栄養は身長に還元《かんげん》され、いちばん伸び盛りの時代は、朝起きて立ち上がると昨日と景色が違って見えるほど（ホントです！）。高校二年になる頃には、身長は百八十五センチになっていた。

今でもよく「背が高くていいですね」と言われるが、高いには高いなりの苦労がある。まずはよく頭をぶつける。姿勢も猫背になる。何をするにも目立ちやすい。人それぞれ苦労はついて回るものなのだ。

時々悪さをしては担任に呼び出されて説教されることがあったが、小柄な担任の前に立つとこちらのほうが圧倒的にでかい。相手からするとなんともふてぶてしく、見下されているように感じたのだろう。ただ黙って立っていただけなのによく怒鳴られた。

「おまえは身体もでかいが態度もでかい！」

「ごめんなさい」が言えなくて……

「ただ黙って立っていただけ」とはいえ、やはりその態度からは何らかのメッセージが発せられていたのだろう。

「べつに自分は悪くない」

「なんで自分ばかりが怒られるのだ」

「頭を下げるなんて絶対にいやだ」

要するに、自分の非を認めることができず、「ごめんなさい」と頭を下げることができないのだ。

もちろん、何でもとりあえず頭を下げて謝ればよいという話ではない。理不尽なことには抗《あらが》う必要があるし、不当な扱いには断固とした態度も必要。そのうえで、少し頭と身体と心をほぐして考えてみたいのだ。

とかく「勝ち負け」が物事の判定基準になりやすい世の中だ。何事も相手に頭を下げさせたら勝ち、自分の非を認めたら負け。相手を言い負かしたら勝ち、言い込められたら負け。

こうした世界の中に身を置いているうちに、いつしか事柄そのものよりも「とにかく負けたくない」という価値観と、それにまとわりつくプライドが、自分の身体の処《しょ》し方《かた》を決めていたのだと思う。

口を土のちりにつけよ

十代の終わりに聞いた忘れられない説教がある。極寒の松原湖で開かれた新年聖会。講師は、当時神学校の校長だった下川友也《しもかわともや》先生。

神学生としてキャンプの裏方仕事に従事していた僕たちも毎晩の集会には参加でき、キャンプ場の小さなチャペルの後ろの席に座って説教に耳を傾けていた。毎回語られるみことばがビンビンと心に響く貴重な経験の連続だったことを思い起こす。

ある晩の集会で旧約聖書の哀歌三章が開かれた。

「人が、若いときに、くびきを負うのは良い。それを負わされたなら、ひとり静まって座っていよ。口を土のちりにつけよ。もしかすると希望があるかもしれない。自分を打つ者には頬《ほお》を向け、十分に恥辱《ちじょく》を受けよ。」

（哀歌三章二七〜三〇節）

そこで下川先生はこんなことを話された。

「『口をちりにつけよ』。これは自分から進んで、ということではないだろう。むしろ誰かに押し倒され、踏《ふ》みつけられ、頭を押さえつけられるような姿勢だ」と。

そして、こうも話された。

「みなさんは若い日にこうした経験をしたことがありますか。なかったら実際に地面に口をつけるようにして這《は》いつくばってみるとよい。そうしたら物事の見え方が変わります」

これは衝撃だった。勝ち負けの価値観を超える生き方を示す、そんな言葉だった。そして、この言葉は僕の心に深く突き刺さり、それ以来、幾度となく心に浮かび、今も反芻《はんすう》し続けている言葉となっている。

頭を下げて見えるもの

カルヴァンの研究者として知られた渡辺信夫《わたなべのぶお》先生がかつて、「物事にはそれがよく見える角度がある」ということを言っておられた。それまで見えなかったものが見えてくるという経験。それは見るべきものを見る眼差しが与えられること、見ようとしている事柄についての知識が増えること、見えてきた事柄について考える力が成長すること、そして見続け、考え続けることでよりいっそう輪郭がはっきりし、画素数が上がり、事柄の全体像とその細いところ、そしてその本質が見えてくるということにつながっていく。

しかし時に僕たちは、すぐそこに見るべきものがあってもそれが視野に入らずに見過ごし、見落としてしまうことがある。そこで大事なのが「角度を変える」ということなのだろう。あるところからでは見えなかった事柄が、角度を変えてみたら視野の中に飛び込んできてはっきりと見えるようになるという経験。そのとても大切なあり方に「頭を下げる」ことがあるのではないか。

頭を下げて見えるもの。「口を土のちりにつけ」て見える世界。時に恥ずかしく、屈辱《くつじょく》的な姿勢からしか見えない世界を見つめ、見抜いていく生き方を身につけたい。天から下られた御子《みこ》のお姿を思いつつ。

5章　主がついてれば

僕は小さな頃から、筋金入りの「怖がり」だった。

まだ保育園児だった頃のこと、時々、母が仕事の都合で降園《こうえん》の迎えに間に合わないと、二つ上の兄と当時母がパートで働いていたキリスト教書店まで歩いて行くことがあった。そこで母が仕事を終えるのを待って一緒に家に帰ることになっていた。

保育園から母の勤《つと》める書店まで、子どもの足で歩いて十五分ぐらいだったと思う。その道すがら、商店街のアーケードの中ほどに洋品店があり、その店頭に、かつらをかぶった目も口もないのっぺらぼうのマネキンの頭が並んでいた。これが怖くて仕方がない。

それでその店の前を通る時は兄の手を握りしめ、目を閉じて、早足でその店の前を通り過ぎ、「もういいよ」と兄の合図で目を開けるということになっていた。

ところが時々、兄が意地悪をして「もういいよ」と言うので目を開けてみると、ちょうど目の前に顔なしマネキンがあって、「ぎゃー!」と泣きながら駆け出すこともあった。

夜中もなかなか寝付けないでいると、決まってトイレに行きたくなる。ところがこれがまた怖がりの僕には大問題。古いけれどそれなりに広かった牧師館は、子ども部屋から廊下を通ってトイレに行くまでが遠い。昼間は何でもなく過ごしているのに、夜になるとちょっとした物音でも気になってしょうがない。

布団の中でトイレを我慢しながら、ひたすら朝になるのを待つわけだが、当然のことながらそんなに早く夜は明けないし、そんなに長くトイレを我慢できるわけもない。「もう限界！」となると両親の寝ている寝室の前で「おかあさーん……」と呼びかけ、母を起こしてトイレまでついて行ってもらう。どうにもならない時は、二つ下の妹にまでついて行ってもらったこともあるほど。相当の重症だったと今にして思う。

こんなことが小学校の低学年ぐらいの時まで続いたのだろう。ある日、父に呼ばれてトイレに連れて行かれた。見るとトイレの壁に紙が貼り付けてある。「これを読んでみろ」と父に言われて声に出して読んでみた。


「強くあれ。雄々《おお》しくあれ。恐れてはならない。おののいてはならない。あなたの神、主が、あなたの行く所どこにでも、あなたとともにあるからである」
（新改訳第三版）

そう。旧約聖書ヨシュア記一章九節のみことばだった。父曰《いわ》く、「これからトイレに行ったら必ずこれを読むように。そうしたら怖くなくなるから」。

半信半疑の僕だったが、父には逆《さか》らえない。それ以来、トイレに行くたびに「強くあれ。雄々しくあれ」と何度繰り返したかわからない。おかげで僕の最初に覚えた暗唱聖句は、ヨシュア記一章九節になった。

「あなたとともにある」

しかし今になって思うと、じつは「強くあれ。雄々しくあれ」よりも深く心に残ったのは後半の「あなたの神、主が、あなたの行く所どこにでも、あなたとともにあるからである」だったと思う。

実際、聖書を読んでいくと、旧約の初めから新約の終わりまで「わたしはあなたとともにいる」、「わたしはあなたとともに行く」、「わたしはいつまでもあなたとともにいる」、「見よ、わたしは世の終わりまで、いつもあなたがたとともにいます」、「神ご自身が彼らの神として、ともにおられる」という言葉が繰り返されている。

まさに「インマヌエル（神は私たちとともにおられる）」という神さまの約束の言葉が実際に姿かたちをとってあらわれてくださったのが、僕たちが信じるイエス・キリストというお方なのだ。

確かにイエスさまは僕たちの目には見えない。のっぺらぼうのマネキンの前を通る時に手を引いてくれるわけでなく、夜中のトイレに一緒について行ってくれるわけでもない。

怖くなる時、不安になる時、孤独になる時、途方にくれる時、助けを求めたい時、二千年前のように肉体を持ったイエスさまが目の前に現れて、僕たちの傍《かたわ》らにいてくれたら、どんなに心強いだろうかと思う。

必死に祈っても聴き届けられていないのではないか？　自分の順番は後回しにされているのではないか？　ほかの人のことにかかりっきりで、自分のことは気づいてもらえていないのではないか？　何か神さまの機嫌を損《そこ》ねることをして、そっぽを向かれているのではないか？　いや、もしかすると、単に神さまから意地悪をされているのではないか――

こういう思いに捕らわれはじめると、僕たちの心はどこまでも捻《ねじ》れながら深みにはまっていってしまう。

それでも聖書を開けば、「恐れるな、わたしはあなたとともにいる」。「わたしは決してあなたを見放さず、あなたを見捨てない」と語ってくださるイエスさまがいる。そして弱く、恐れやすく、疑いやすい僕たちに「おまえをひとりぼっちにはしない」と言って、助け主として聖霊の神さまを送ってくださっているのだ。

主がついてれば

五十代も半ばを過ぎて、さすがの怖がりの僕も一人でトイレに行けるようになったし、教会で葬儀《そうぎ》があれば礼拝堂で一晩、安置《あんち》したご遺体と一緒に過ごすこともある。多少のことではビビらないくらいにはなった。

でも、やはり怖い時は怖い。恐れて足がすくむ時があり、できればこの場から逃げ出したいと思う時があり、だれかいっしょにいてくれないかと思う状況もある。僕の実感としては年を重ねるごとに、恐れをもたらす出来事の規模や性質、その深刻さや危険度は増すようにも思う。少々大袈裟《おおげさ》な言い方だけれど、「生きて帰れるだろうか」と思ったような経験も一度や二度ではない。

でも不思議なもので、そういう時に心に浮かぶのは子どもの頃に心に刻まれた「強くあれ。雄々しくあれ」の暗唱聖句だったり、教会学校で歌った「主われを愛す、主は強ければ、我弱くとも、恐れはあらじ」だったりする。

とりわけ僕にとって口ずさむたびに励まされるのが、「主われを愛す」の聖歌六五五番の歌詞。

「『主がついてれば　怖くはない』と
聖書のうちに　書いてあります」

大きな力の前に手も足も出ず、不安と孤独に苛《さいな》まれ、震えるような恐れに取り囲まれる時、自然とこの歌詞が心の中からわき上がってくるのだ。子どもの頃に戻ったように、小さな教会学校の足踏みオルガンに合わせて友だちと歌ったように、何度も何度も繰り返しながら。

そしてそのたびに不思議と恐れの心が過ぎ去り、心の深いところから勇気がわいてくることを感じる。それは自分の中にある勇気ではない。聖書のみことばを通して、聖霊の神さまが繰り返し教えてくださるイエスさまの約束なのだ。

「『主がついてれば　怖くはない』と
聖書のうちに　書いてあります」

6章　ちゃんと見ていてくれる

もう半世紀も前の色あせた一枚の写真がある。保育園の運動会でかけっこをする愛らしい僕（！）と、その後ろから身を屈《かが》め、両手を伸ばし、笑顔で追いかけてくる母親の姿。こんな時代もあったのだ（しみじみ）。

小さい頃から足の遅かった僕は、きっとそのかけっこでも上位になることはなかっただろう。しかし得意げな顔つきで走るその表情からは、自分の走る姿を母が後ろでちゃんと見ていてくれるという安心感が伝わってくる。勝敗よりも、〝見ていてくれる存在〟がいることがどんなに心強いものかを、この一枚の写真が物語っている。

そんな幼い日が過ぎ去るにつれて、次第に周囲の視線が気になるようになる。中学、高校時代になれば、「周りから自分はどう見られているか」、これが一年三百六十五日、朝から晩まで最大の懸案《けんあん》事項。実際はだれも自分を見ているわけはないのだけれど、そこは思春期の肥大化《ひだいか》した自己意識のなせるわざ。鏡に映る寝グセの一つ、鼻の頭のニキビの一つが人生の大問題だった。

神のまなざしの前で

「見られている」と思うと息苦しい。「見られていない」と思うと心細い。「見ていてほしい」と思うと力が入り、さらに「よく見せたい」と思うと嘘がまぎれ込む。いろいろな鏡に自分を映しては演じ、装い、繕い、ごまかし、そのたびごとにまわりを見回してはひそかにほくそ笑んでみたり、へこんでみたり……。そんなことを繰り返しているうちに、ほんとうの自分の姿もよくわからなくなってくる。「気にしない、気にしない」と自分に言い聞かせてみても、過剰《かじょう》な自意識と葛藤《かっとう》する長いトンネルはどこまでも続くように思える。

しかし、やがてそういうトンネルを抜ける時がくる。「自分は自分だ」と言える時がやってくる。そしてそれは「あなたはあなただ」という承認《しょうにん》と深く結びついている。そこで大切なのは、その承認がどこからやってくるかということだろう。親、きょうだい、友人など、大切な人からの承認は必要だけれど、より根本的な承認が必要だ。必ずしも大勢からの承認でなくてよい。

いや、たった一人でよい。「あなたはわたしの愛する者」と呼び、「これから神のわざがあらわれる」と未来に開かれたまなざしをもって僕たちを見ていてくれる。そんなまなざしのもとにある時、僕たちはこのお方の前で生きられるのではないか。

僕は父親からの承認を求める思いが強かった。そして、その思いが満たされないまま父と死別することになった。やがて高校三年になって進路を決めるにあたり、神と真剣に一対一で向かい合う経験をする。そこで神が僕を愛し、赦《ゆる》し、受け入れ、また必要としてくださっていることに気づいた。それが僕にとっての神のまなざしの前に立つ経験だった。

だれが見ていても、いなくても

神の国を建て上げる働きというのは、一つ一つの石が組み合わされ、積み上げられていくプロセスなのだろうと思う。僕たちの足下に積まれた石ころたちにも、たくさんの祈りと涙が詰《つ》まっている。

だれかの手の跡《あと》、足の跡はかすかに残っていても、それを運び、積み上げたのがだれなのかはわからない。だれの目に触れるでも、覚えられるでもない働きを黙々《もくもく》と果たした人々がいたことに気づかされる。

その時、僕たちもだれが見ていても、見ていなくても、自分の背負うべき重荷を担《にな》い、石ころを積み上げるような地味で地道な働きをひとり黙々と果たす自由、他人の評価に一喜一憂するいとまもないほど一生懸命に手足を動かし、汗かき仕事を果たす自由が与えられる。小さな石ころを一つ手に取り、膝をついて積み上げる働きに大きな自由と喜びを感じるのだ。

ちゃんと見ていてくれる

映画館で映画を見るのが好きだ。映画本編を見るのが楽しみなのはもちろんのこと、僕が好きなのは最後に出てくるエンドロール。まわりのお客さんが席を立った後も、最後まで見届けたいというタイプ。

どうしてエンドロールが好きかというと、映画に携《たずさ》わった人々の名前が出てくるから。主演級の役者たちから始まって、脇を固めるバイプレーヤーたち、そしてワンカットだけの端役《はやく》の人々。制作陣も監督やプロデューサー、カメラや音響、照明、編集から始まりカメラテストだけに登場するスタンドインの役者や広報、タイムキーパー、大道具、小道具から、ケータリングの手配、その他もろもろの、どんどん画面上で小さくなっていく名前を見ながら、一つの作品にこれだけ多くの人々が携わっていることに驚きと感動がわき上がってくる。

そこで勝手に妄想《もうそう》するのが、天国に迎えられた時の光景（聖書には書いてありません）。地上で神の国のために働いた一人一人の名前が、それこそエンドロールのように映し出されるような光景を思い浮かべてうれしくなるのだ。

だれも見ていないところで為《な》した小さな働きを、ああ、神さまは見ていてくれていたんだ、そして今も見ていてくれるんだ、と。

そんな神さまのまなざしを思うと、この小さな手のわざがかけがえないものに見えてくるから不思議だ。

7章　出会いの喜び

中学二年ではじめてギターを買ってもらった。ヤマハのＦＧ３００Ｄという入門者向けの一本。

ちょうど『ゴスペルミュージック』という歌集が出たころで、さっそく友だちと一緒に教会の伝道師に手ほどきを受けることになった。まだコードの一つも覚えていないのに、ギターをかき鳴らして熱唱している自分を妄想する僕たちに、基本に忠実なその先生が最初に命じたのは、チューニングの仕方。ギターを握りたい一心の僕たちに音叉《おんさ》を握らせ、五弦からのチューニングを繰り返させるのだった。

そのうちようやくコードを学び始め、最初に覚えたのがCとDとGの三コード。「これでギターの世界は制覇《せいは》した！」と言わんばかりの勢いで、歌集を片っ端からめくっては、三コードだけで弾ける曲をかき鳴らす生活が始まった。

やがてＥｍにＡｍ、そしてついにFを攻略し、カポタスト（移調するための道具）の使い方を教わると一気にレパートリーが増え、そんな僕たちに教会で賛美の奉仕の場が与えられるようになった。今にして思えば「ほぼ騒音」のような腕前の僕たちを活《い》かしてくれた教会の懐《ふところ》深さには感謝しかない。

こうしてギターが手に馴染《なじ》んできた十代によく聴いて練習した曲の一つに、小坂忠《こさかちゅう》さんと岩渕《いわぶち》まことさんの「出会い」という曲がある。「君」、

「歌」、「愛」、そして「イエス」と、人生に訪れるひとつひとつの「出会いの時」を歌う歌詞をかみしめながら、自分にはこれからどんな人生の出会いがあるのだろうかと、思いめぐらすこともあった。

出会いのかたち

それからの日々、多くの出会いを経験してきた。生涯《しょうがい》にわたる友との出会いもあれば、教え導き、寄りそい、後押ししてくれた恩師との出会いもある。向こうから訪れた出会いもあれば、こちらから尋ね求めた出会いもある。偶然のように起こった出会いもあれば、起こるべくして起こった出会いもある。出会いのかたちは実にさまざまで、それによって今の僕が形作られていると実感する。

そんな出会いのかたちの一つに、「言葉」との出会いがある。神学校入学を控《ひか》えた高校三年の冬に、課題図書のように手渡されて読んだ渡辺信夫先生の『教会論入門』(新教出版社、一九六三年)という本。

冬休み中に読んでおくようにと牧師から手渡され、「まえがき」の「この本は教会入門ではありません」に面食らいつつ、それでもなんとか終わりまで読み通すことができた。この読書経験の中で一つの言葉との出会いが起こった。結論部分にあった次の言葉だ。

「わたしたちの『教会論入門』のすわって論じておれる部分はここで終わります。」

この「すわって論じておれる部分」という言葉が深く心に留《と》まった。論じられたすべてを十分理解できたわけではないが、「ああ、ここには何かとても大切なことが書かれている」という確信が与えられた。そして「この言葉をほんとうに理解できるようになりたい」と思うようになり、なんとしても「立ち上がり、歩き出す」学びをしたいと強く願うようになった。

この言葉との出会いがなければ、今こうして教会に仕える歩みをしている自分はいなかっただろう。言葉との出会いがもたらす意味の大きさを思わずにはおれない。

出会いが起こるために

出会いのかたちはさまざまだけれど、そこに共通しているのは、それらが「人格的なもの」であるということ。自分と異なる人格をもつ他者がいて、その異なる人格との出会いが自分に変化をもたらしてくれる。そんな出会いが起こるために、自分を「開く」ことが大切だと思う。自分のあり方に必要以上にこだわり、第一印象や思い込みで相手を決めつけ、自分を「閉じて」しまうとなかなか出会いは起こらない。目も合わさず、挨拶《あいさつ》もかわさず、すれ違うだけでは人格的な出会いとはならない。最初の出会いが最悪で、第一印象も最低、という出会いもあるかもしれない。でもちょっと待ってほしい。一度間合いをとり、タイミングを見計らい、出会う角度を変えてみる。ちょうど相撲《すもう》の立ち会いの仕切り直しのように、出会い直すことをあきらめないでいたいと思う。

出会いの喜び

人生最大の出会いが起こったのが、神学校最終学年の春から夏にかけてのこと。神学生たちがチームになって各地に派遣される「夏期伝道」というプログラムで僕たちは東北の教会に遣《つか》わされることになり、夏に向かって準備と祈りを重ねるうちに、メンバーの一人のことが気になるようになった。その人は口数も少なく、器用なタイプではないけれど、小さなことにも忠実で、黙々と丁寧に準備を重ねていた。そんな姿に感心し、実際に夏を過ごし、秋になってからいよいよその存在感が僕の中で大きくなっていった。

その後、もろもろあって（ここは省略）、この人との出会いは僕の生涯で最大の喜びとなった。

共に歩み始めて今年で三十年。今も隣で次の日曜日のための準備をしている妻との出会いと、出会わせてくださったお方に感謝したい。

8章　走りながら考える

ペテロが好きだ。熱くて、一途で、単純なペテロ。思いっきり突っ走って、思いっきりつまずいて、思いっきりコケるペテロ。裏表なくまっすぐに信じ、取り返しのつかないような大失敗をし、人目もはばからずに涙し、しかし主イエスを愛することに人生をかけたペテロ。その愚直と言える生き様に心惹《ひ》かれる。

そんなペテロの走る姿が好きだ。主イエスの復活の朝早く、墓に行ったマグダラのマリアから「だれかが墓から主を取って行きました。どこに主を置いたのか、私たちには分かりません」（ヨハネ二〇章二節）との知らせを聞くと、すぐさま部屋を飛び出して一目散《いちもくさん》に墓へと走るペテロ。途中で「もう一人の弟子」に追い抜かれるのも彼らしいが、とにかく走るペテロの姿がその人となりを物語っている。

まずはよく事情を聞いて、起こった状況を整理して、それから次なる行動へという考えもあるだろう。十二弟子の筆頭《ひっとう》であればそれぐらいのリーダーシップが発揮《はっき》されてもよい。

しかし、「主イエスの亡骸《なきがら》がない」と聞くやいなや、鉄砲玉のように一も二もなく走り出すペテロの、「何をおいても現場に直行」、「そうせずにはいられない」と言わんばかりの身体の動きにたまらなく共感するのだ。

「走る」という生き方

こんなことを書きながら、僕自身は実際にジョギングをしたり、走ったりしているわけではない。

僕の周りには、かなりガチなランナー牧師たちが数名いるが、僕はといえば思い立って走ってみてもすぐに膝に来るヘタレなので、こんなテーマを語るには相応《ふさわ》しくないことも自覚している。

それでもやっぱり「走る」というフレーズが好きだ。生き方自体を表現するのに「走る」がいちばんしっくりくるような感じもする。

そもそもじっとしていられない性格。机に向かって頭をはたらかすよりも身体を動かしているほうが考えが巡る。せっかちでもある。結論が出るのを待っていられず、動き出してどう転がるかを楽しみたいとも思う。

そして、人生には限りがあるといつも心の片隅で思う。限られた時間、与えられた人生、生かされている日々の中で、できないことはできないけれど、できることは精いっぱいささげたい。そのためには、そんなにのんびりしていられない。時を惜《お》しむという感覚がある。その善《よ》し悪《あ》しはあるだろうけれど、事実としてそのように生きてきたし、今も生きているという自覚がある。

走りながら考える

高校を卒業して神学校に進む時、その後の展開がどうなるかまったくわかっていなかった。ただ「まだ若い、と言うな」（エレミヤ一章七節）のみことばに背中を押されて走り出した。学びを終えて二十二歳で伝道者として歩み始めた時も、「わたしがあなたを遣わすどんな所へでも行き、わたしがあなたに命じるすべての事を語れ」（同、新改訳第三版）のみことばを頼りにして走り出した。

そんな若さと勢いで走り出してから三十数年。この間の失敗は数知れず、つまずきよろめき壁にぶつかり、次々とやって来る難題課題に直面し、それでもとにもかく走りながら考え続けてきた。そして、そうやって学んだことは数知れない。

もちろん、じっくりと考えることはとても大切なこと。祈りつつ、時間をかけ、落ち着いて熟考すること、考えて考えて考え抜くこと。独りよがりにならないためにさまざまな角度から光を当て、周りの声にも謙《けん》虚《きょ》に耳を傾け、考えつくかぎりの場面を想定し、自分の力量も見極め、どういうルートで進むのか、どんな段取りが必要か。そういうことを深く考えることは、きわめて重要なことだと思う。

とはいえ、一歩踏み出してみないとわからない世界があり、進んでみないと開かれない道がある。そして走り出し、走り続ける中で動き出す

郵便はがき

恐縮ですが
切手を
おはりください

164-0001

東京都中野区中野 2-1-5

いのちのことば社

出版部行

ホームページアドレス　https://www.wlpm.or.jp/

お名前	フリガナ	性別	年齢	ご職業
ご住所	〒	Tel.　　　　(　　　)		

所属(教団)教会名	牧師　伝道師　役員 神学生　CS教師　信徒　求道中 その他 該当の欄を○で囲んで下さい。

WEBで簡単「愛読者フォーム」はこちらから!
https://www.wlpm.or.jp/pub/rd

簡単な入力で書籍へのご感想を投稿いただけます。
新刊・イベント情報を受け取れる、メールマガジンのご登録もしていただけます!

ご記入いただきました情報は、貴重なご意見として、主に今後の出版計画の参考にさせていただきます。その他、「いのちのことば社個人情報保護方針 (https://www.wlpm.or.jp/about/privacy_p/)」に基づく範囲内で、各案内の発送などに利用させていただくことがあります。

いのちのことば社＊愛読者カード

本書をお買い上げいただき、ありがとうございました。
今後の出版企画の参考にさせていただきますので、
お手数ですが、ご記入の上、ご投函をお願いいたします。

書名	

お買い上げの書店名

町
市　　　　　　　　　　　　　　書店

この本を何でお知りになりましたか。

1. 広告　いのちのことば、百万人の福音、クリスチャン新聞、成長、マナ、信徒の友、キリスト新聞、その他（　　　　　　）
2. 書店で見て　3. 小社ホームページを見て　4. SNS（　　　　）
5. 図書目録、パンフレットを見て　6. 人にすすめられて
7. 書評を見て（　　　　　　）　8. プレゼントされた
9. その他（　　　　　　）

この本についてのご感想。今後の小社出版物についてのご希望。

◆小社ホームページ、各種広告媒体などでご意見を匿名にて掲載させていただく場合がございます。

◆愛読者カードをお送り下さったことは（　ある　初めて　）
ご協力を感謝いたします。

出版情報誌　月刊「いのちのことば」定価88円（本体80円+10%）

キリスト教会のホットな話題を提供!（特集）
いち早く書籍の情報をお届けします！（新刊案内・書評など）

□見本誌希望　　□購読希望

思考は身体と連動し、そうすることでいたずらな抽象《ちゅうしょう》や思弁《しべん》の世界に逃げ込むことなく、「信じること、生きること」のリアリティーがもたらされるのだと思う。

多くの証人たちが、雲のように

走りながら考えたら、すべて正解が導き出されるというわけではない。道に迷うこともある。回り道をすることもある。疲れることもある。足踏みを余儀《よぎ》なくされることもある。でも一直線に最短距離を行くのが良いとばかりもかぎらない。あのパウロ先生だって「私は、自分がすでに捕らえたなどと考えてはいません。……目標を目指して走っているのです」（ピリピ三章一三、一四節）と言っているぐらいなのだから。

だったら僕たちも、道を誤ったら引き返せばいい。疲れたら立ち止まったらいい。追い抜かれても気にしない。少しの勇気と忍耐と決断とを働かせて、最初はゆっくりと自分のペースとフォームで、自分らしく走ればいい。ぶざまな格好《かっこう》の走りでも、最後尾《さいこうび》を行く走りでも、最後は這いつくばるようなゴールインになったとしても、その走る姿をちゃんと見てくれているまなざしを感じながら走り続けたい。

「このように多くの証人たちが、雲のように私たちを取り巻いているのですから、私たちも、一切の重荷とまとわりつく罪を捨てて、自分の前に置かれている競争を、忍耐をもって走り続けようではありませんか。」

（ヘブル一二章一節）

9章　あと一歩のところで

「三年○組の朝岡、職員室に来なさい」

中学三年の冬の体育の授業中、全校放送で呼び出しがかかる。一緒にじゃれあっていた悪友たちが一斉にこっちを向いて言う。

「おめえ、なにした？」「どれがばれた？」

呼び出しを受けるような覚えはないが、さりとて心当たりがゼロでもない。いったいどういうことかと訝《いぶか》りながら職員室に向かうと、担任と教頭に迎えられて部屋の隅の応接ソファに座るように促《うなが》された。そして緊張しながら座る体操ジャージ姿の僕に、担任はこんな話をした。

「すでに県立高校の出願は終わっているが、ここ数日が出願先の変更できる期間になっている。志望校を変更してはどうか」

中学時代、遊びと悪さに明け暮れていた僕は、高校受験になって志望校選びに苦労した。経済的な事情で高校受験は県立一本、私立はなし、というのが家のルール。姉と兄はほぼ心配なく県立の進学校に入学したのだが、三番目の僕が問題となる。

心配した両親に家庭教師をあてがわれて、厳しい指導を受けることになった。その甲斐《かい》あって徐々に成績が上がり、かなり背伸びをして志望校を決めて出願した。ところが進路指導の先生たちの中でこの選択が心配されてしまい、先の呼び出しにつながった。

「併願だったら挑戦してもいいが落ちたらどうする？　ここは一つラ

ンクを落としてはどうか？」

そんな説得をされ、期限ギリギリで出願先を変更し、結果的に思ってもいなかった高校に進学することになった。

高校生活は楽しく、充実したものだったが、心のどこかに引っかかるものがあった。というのも、入試を終えて自己採点してみるとそこそこ点数が取れていて、これなら志望校を変えなくてよかったのでは？との思いが残ってしまったのだ。

もちろん、ほんとうに受かっていたかはわからないし、そもそもそんな際どいところに身を置くことになったのは自分の責任なのだけれど、「ああ、あの時、あと一歩踏み込んでいれば」という、小さな悔《く》いのような思いを抱え込んでしまったのだった。

あと一歩のところで

最初からまったく手が届かないようなものなら、あきらめもつく。そもそもそれを目指したことが間違いだったと開き直ることもできる。しかしそれが「あと一歩のところで」という僅差《きんさ》のタイミング、ギリギリの距離感であればあるほど、いつまでも引きずってしまう思いがある。

そんな経験を繰り返していくと、神さまに対して、信仰に対して懐疑《かいぎ》的になる。「祈れば聞かれる」「願えばかなう」的な物言いに対して反発が起こってくる。

「そうは言うけれど、祈っても聞かれないことがあるではないか」

「願ったけれど、そうはならなかったではないか」

「僕の祈りなど、ちっとも聞いてくれないではないか」

僕も若い日に、ずいぶん神さまに向かってそんな不遜《ふそん》な言葉を吐いたことを思い出す。

では、どうすればよかったのか。

多くの場合、「それがみこころだった」「そういう神さまの導きだった」と自分を説得し、納得させようとするのだろう。しかしそんな信仰の常套句《じょうとうく》で自分を説得しても、納得のいかない思いは残る。

まして他人から「それがみこころだ」「そういう神さまの導きだ」と言われようものなら、「どうしてそんなことが言えるのか」「そんなわかったような言葉を言われたくない」と激しく反発するだろう。

僕たちには、そんな言葉ですべてを丸めたがる悪い癖がある。そして、それではほんとうの納得には至らないことに気づいている。

「隙間」を生きる

あと一歩のところで届かなかった思い、ああしておけばよかったという省《かえり》み、もう少しで間に合ったのにという後悔。そういうものを僕たちは人生の中で幾度となく重ねながら生きていく。それはつらいことだし、後に引きずる。十五、六歳の時の思いをいまだに引きずっている五十代の僕がいるのだ。

けれども思う。あと一歩のところで届かなかったあの地点。もう少し手を伸ばせば届いたかもしれないあの場所。そうした思いと届かなかった現実との間に横たわる「隙間」を認めて生きることが、僕たちの人生のリアリティーなのではないか、と。そしてその「隙間」が、人生を作り上げる大切な要素なのではないか、と。

すべてに手が届いてしまっていたら、自分はどんなに傲慢《ごうまん》な人間になっているだろうかと思う。そうでなくても傲慢なのに、ますます自分に過信し、増長し、自分が成し遂《と》げた人生だと思ってしまうに違いない。

さらに思う。隙間のない人生が理想かと言われれば、きっとそうではないはずだ。どうしたら隙間を埋められるのかはわからない。ほんとうにあと一歩だったのかもわからない。ただ言えるのは、「それでもこれが僕の生きている人生だ」というまぎれもない事実。そして「これが神さまに生かされている僕の人生だ」という圧倒的な事実だ。

思いどおりにならないことはつらい。願ったことがかなわないのも悲しい。でもすべてが自分の思いどおりに「埋め尽くされた」、隙間もなく遊びのない人生を生きるのはもっとつらい。

「あと一歩のところで」という経験を重ねて歩む人生は、僕たちを謙遜にさせ、「生きること」から「生かされること」へと転換させ、「隙間」から見える量り知れないほどに広く、大きく、自由な世界を仰《あお》がせてくれる。この人生を賜《たまわ》った神さまと、僕たちは人生をかけて向き合いながら生きていくのだろう。

10章　いつからでも、どこからでも

二十二歳で伝道者になって間もなくのこと。

若手の教師たちが集められた研修会に出席した時に、講師の先生が語られた言葉が深く心に響いた。テーマは「礼拝」だったのだが、そこで先生がこう言われた。

「日曜日には夕の礼拝をしなさい。朝と夕の礼拝で毎週二つの説教を準備しなさい」

日曜の説教準備のためにほぼ毎週土曜日は徹夜をしていた身にとって、朝拝だけでなく、もう一つ、夕拝のための説教を準備せよというのはとてつもなく高い要求だが、先生はさらにとどめを刺すようにこう言われた。

「きみたちは大した奉仕ができないのだから、週に一つしか説教準備をしないようでどうする。もう一つ準備をするように」

「そんなことを言われても……」と心の中でつぶやく僕に、しかし続く言葉が迫ってきた。

「ニコデモを知っているだろう？　人目を憚《はばか》って朝にはイエスさまのもとに来られない求道者がいるのだ。そんな夜の求道者ニコデモのために夕拝をするのだ」と。

ヨハネの福音書三章に登場するパリサイ派の議員ニコデモ。彼は夜、主イエスのもとにやってきて、主イエスと語り合った人だ。そう言われて「よしっ」と腹を括《くく》り、ほどなくして夕拝を始めることにした。

それ以来、ずいぶん長く夕拝を続けてきたが、あの時の先生の言葉のとおり、夜の求道者ニコデモとの出会いは度々あった。そして、救いに導かれる人も起こされていった。

「新しく生まれる」ということ

ニコデモの姿で印象に残るのは、「人は、新しく生まれなければ、神の国を見ることはできません」（ヨハネ三章三節）と主イエスに言われたのに対して、「人は、老《お》いていながら、どうやって生まれることができますか。もう一度、母の胎《たい》に入って生まれることなどできるでしょうか」（同四節）と答えた場面。

彼は決してふざけているのではない。それは真剣な問いだと思う。しかし、それは人間の限界を示す問いでもあったと思う。

「新しく生まれる」とは、いったいどういうことなのだろう。時間を巻き戻してやり直すことだろうか。心を入れ替えて仕切り直すことだろうか。しかしそれはどう考えても無理なこと。人は生き直すことなどできないのだ。どれだけ後悔し、どれだけ反省しても、僕たちは一から生き直すことはできない。ニコデモはそれがわかっている。

ところが主イエスはニコデモに向かって「あきらめろ」と言わない。「新しく生まれる」とは過去にさかのぼって一からやり直す人生ではなく、今あるところから上を見上げて、「天から下《くだ》って来た」(同一三節)お方、そして「上げられ」(同一四節)たお方を仰ぎ、信じることだと。そして信じた者は「永遠のいのちを持つ」(同一六節)と言われるのだ。

二人の友のこと

伝道者になって三十年あまり。かつて十代だった自分に、というよりも、あの頃の友たちに、そしてあの頃の僕たちと同じように、今、十代を生きているあなたに、このことを伝えたくてこれまで歩んできたように思う。そういう思いを強くもつきっかけになった、忘れられない出来事がある。

小学校から家が近所で、よく遊んでいた仲間にOとHという友だちがいた。小学校高学年の頃からやんちゃで知られ、中学になると地元で名の通る存在になり、Oは中卒で暴走族のリーダー、Hも高校を中退してOとつるむようになっていた。ずいぶん遠い世界に行ってしまった感じがしたけれど、それでも会えば、不思議と心を許して話せる間柄だった。

僕が地元を離れた後も、帰省の際、遅い時間に駅に着くと、けたたましい騒音で駅前ロータリーを占拠《せんきょ》していた一群の先頭のバイクが近寄ってきて、「おお、勝か！　久しぶりだな。家まで乗せてやろうか？」と声をかけてくれたりもした。

そんな神学校二年生の夏休みの終わりのある日。久しぶりに実家に戻ると、母からこんな知らせを聞かされた。「HくんとOくんが火災で亡くなった」。お酒を飲んで寝入ってしまい、煙草の火の不始末だったとのこと。驚いてHの家に駆けつけると、憔悴《しょうすい》したお母さんに迎えられ、遺影を前に何も言う言葉がなかった。

その時の悔しさや憤《いきどお》りを思い出す。彼らもまさか自分の人生が二十歳を前に終わるとは思っていなかったはず。もしわかっていたら、違った生き方をしたのではないか。そろそろ生き方を改めようと思ったのではないか。そして、彼らにこれまで自分は何を語ってきたのかと。

そして思った。もうこんな悔しい思いをしたくない。彼らのような若い人たちに福音を伝えたい。「手遅れということはない」ことを、手遅れになる前に伝えたい。そのために一生懸命聖書を学び、福音を伝える者になりたいと。

いつからでも、どこからでも

人は生き直すことはできないが、しかし向き直ることはできる。それがいつの時点でも、どんな地点であってもかまわない。いつからでも、どこからでも、向きを変えて主イエスに向かって歩み出すことができる。年齢を重ねた夜の求道者ニコデモだってあきらめることはない。もう手遅れだと嘆《なげ》くこともない。主イエスと出会ったその時に、主イエスと出会ったその場所で、向きを変えて歩み出す。それが聖書の語る「メタノイア」(方向転換)であり、それこそが「新しく生まれること」なのだ。

かつて犯した過ち、消すことのできない傷、隠しきれない恥、僕たちは多かれ少なかれそんな過去を抱えて生きている。でも、イエスさまは言ってくださるのだ。いつからでも、どこからでも、やり直すことができると。

11章　一日ずつ一歩ずつ

「早く大人になりたい」

最初にそんな思いを抱いたのは、いつの頃だっただろうか。

僕が生まれ育った牧師館の食卓には、ほとんどいつも家族以外のだれかが一緒にいた。その多くは教会に集《つど》う社会人や大学生たちで、夕食後、あれやこれやとテーブルトークに花が咲く雰囲気が好きだった。話の内容はさっぱりだったが、皆が父の話に耳を傾けたり、論じ合ったりする姿に「大人の世界」を垣間見ていたように思う。

しかし、時計が八時を過ぎると母が言うのだった。

「はい、子どもは寝る時間」

その一言で仕切られた大きな隔《へだ》たりを前に、いったいこれからどんなすてきな時間が流れるのだろうかと想像しつつ思うのだった。「早く大人になりたい」

「大人になる」という指標《しひょう》は人それぞれだろう。一人暮らしを始める、二十歳になる、お酒が飲めるようになる、働くようになる、など。そしてあるとき、自分も「大人」になっていることに気づく。

しかし、あらためて思う。自分はいつ「大人」になったのだろうかと。

一足飛びに進めたら

家を出て神学校の寮に入ったのが十八歳、卒業して伝道者となり教会に遣わされたのが二十二歳、結婚したのが二十四歳、父親になったのが二十五歳。

こうして振り返ってみると、ハイペースで人生を生きてきたように感じるけれど、実感としては、いつもどこかで「一足飛びに進めたら」と思っていた。とりわけ働き始めた時に強く思ったのは、「早く二十七歳になりたい」だった。

どうして二十七歳なのか。今考えても特に確たる根拠はない。ただ二十二歳の僕にとっては、とりあえず目指す次のステップが二十七歳だった。そんな思いを抱いた理由は、明らかに「牧師」という務めと深く結びついていた。牧師職に限ったことではないだろうが、少なくとも自分の経験上、「牧師」という務めに就く者にとって「若さ」はマイナス以外の何ものでもなかった。

教会で執務《しつむ》中に玄関チャイムが鳴り、扉を開けて迎えると、相手は上から下までまじまじと僕の姿を見て「お家の人いますか？」と尋ねる。礼拝に初めて出席された方が、白髪で落ち着いた雰囲気の役員さんを完全に牧師だと思い込み、その後、僕が「牧師です」と自己紹介すると目を丸くされる。相談事に来られた方が、僕があまりに頼りなく見えたのか、がっかりした表情で早々に話を切り上げて帰って行く。説教壇から一生懸命にみことばを語っても、「まあ、先生は若いから」、「もっと人生経験を積みなさい」、「社会で生きる人の気持ちがわかっていない」と、ことごとく跳《は》ね返されてしまう。

自分の未熟さ、経験の乏《とぼ》しさ、人間理解の浅さを思い知らされる日々の中で、こう思うのだった。「一足飛びに進めたら」と。

一日ずつ一歩ずつ

五十代半ばを過ぎ、「早く大人になりたい」とはもはや思わない。むしろ若い頃に戻ってみたいと思う。「一足飛びに進みたい」とも思わない。むしろ一日一日の時の大切さを思う。

人生において「飛び級」はない。生きる歩幅も速度もまちまちで、遅々《ちち》とした歩みをする人もいれば、小走りに進む人もいる。息長く進む人もいれば、瞬《また》く間に駆け抜けていく人もいる。それでも人は一日ずつしか生きられないし、一歩ずつ歩むほかない。

早く二十七歳になりたかった二十二歳の僕も、翌年は二十三歳になり、やがて二十七歳になった。念願の歳になった時、「これで一人前になった」と思えたかといえば、もちろん答えは「ノー」。むしろ以前にも増して自分の足りなさ、未熟さを痛感し、このままでは先には進めないと思い、牧会から一旦退いて、一から学び直すことを決心するに至ったのだった。

それからの日々を生きて今に至り、なお自分の未熟さ、足りなさを思う。これはきっといくつになっても続くのだろう。けれども一日ずつ一歩ずつ歩んできた日々を振り返るとき、そこから見える景色はまんざらでもないと思える。あの失敗、あの痛み、あの悔しさ、あのふがいなさ。その時のことを思えばさまざまな思いがよぎるけれど、それでも一日を一日として生き、一歩ずつ一歩ずつ歩んだ日々の積み重ねが今につながり、いつしか自分自身が形成されていることに気づく。そうやって紡《つむ》がれた人生を引き受けることが、「大人になった」ことのひとつのしるしなのかもしれない。

一日一生

内村鑑三《うちむらかんぞう》の著作の中から言葉を集めて三百六十五日にまとめた『一日一生』（教文館、新版一九九七年）という書物がある。「一日は貴《とうと》い一生である、これを空費《くうひ》してはならない」と説き、一日を一生のごとくに生きる姿勢を語る内村の言葉は、僕たちに一日ずつ一歩ずつ生きることの価値を教えてくれる。

一足飛びに進めたらと思えば思うほど、一日ずつしか進まない自分に苛立ち、一歩ずつしか歩めない自分に焦《あせ》りを覚える。気持ちは前のめりになり、視野は狭くなり、生き方が雑になってくる。

しかしそんな時、少し立ち止まり、深呼吸をし、周りを大きく見渡してみたい。そして、そこで〝今日〟でなければならない必然さ、〝今日〟であることのかけがえのなさに気づく者でありたい。そして、今日を今日として生き、明日のことは明日にゆだねて、まずは今日の一日、足下の一歩に集中することで、できるかぎり誠実に、丁寧に、生かされた日々を生きることができたらと思う。

きっとそれはあきらめや開き直りとは違う、一見そうとは見えない仕方でのポジティブで前向きな生き方なのだと思う。

12章　愛されたら「負け」

四、五歳の頃の教会学校でのこと。

その日のお話はイエスさまの十字架の出来事で、僕はお話のあとの祈りをすることになった。幼いなりに精いっぱいの言葉を紡いで祈り始めたのだが、「イエスさまがぼくのために死んでくださって……」と言ったところで詰まってしまった。

ほんとうはそれに続けて「ありがとう」と言おうと思ったのだが、人が死ぬのに「ありがとう」はおかしいのではないかと、祈りが止まってしまった。なんと早熟《そうじゅく》な保育園児！と今にして思うけれど、ともかく言葉が出ずに立ち往生する僕に、幼稚科の先生が「どうしたの？」と聞いてくれた。それで自分の思いを伝えたところ、先生はこう答えてくれた。

「それでいいんだよ。ありがとうでいいんだよ。」安心した僕は「イエスさまが僕のために死んでくださって、ありがとうございます」と祈りを結んだのだった。

イエスさまの十字架は「ありがとう」と言っていい出来事なのだ、と幼い心に刻まれたこの思いは、今に至るまで基本的に変わっていない。そしてその「ありがとう」の思いが、今の自分を生かし、動かす原動力だと言える。イエスさまの愛が自分に伝わった、とても大切な原体験なのだ。

メロンが食べたくて

小学校二年生の頃の教会での思い出。金、土、日の三日間にわたる特別伝道集会が行われた。毎晩のように十字架のメッセージが語られて迎えた日曜日。礼拝後の愛餐会《あいさんかい》で、講師と牧師である父の前にだけ、食後に「メロン」が置かれた。

それなりに貧しい牧師家庭では「メロン」などめったに見ることはない。たまらず近くにいた「川島さんのおばちゃん」に「僕もメロンが欲しい！」と訴えた。すると「川島さんのおばちゃん」が僕を見つめてこう言ったのだ。「まーくん、大きくなって牧師になったら、メロン食べさせてあげっからね！」

この言葉が強く心に響いた僕は、その日の晩に大きな決心をすることになる。

最終夜の集会。その日も講師は渾身《こんしん》の力を込め、ものすごい迫力で十字架のメッセージを語っていた。メッセージの最後の「招き」の時間になった。

「今日、イエスさまを信じる人、洗礼を受けたいと思った人は手を挙げてください」との言葉に続いて講師はこう言った。「牧師になりたいと思った人は手を挙げてください」

これを聞いた小学二年の僕の脳内は、「牧師になる＝メロンが食べれる」と直結し、気づいた時には手を挙げていた。「手を挙げた人は前に来るように」と促され、前に出ると講師の先生が頭に大きな手を置いてお祈りをしてくれた。集会が終わると大人たちが喜んでくれ、その意味もよくわからないままに、メロンを頬張《ほおば》る将来を思い描いていたのだった。

そんな食い意地の張った少年の浅はかな思いにもかかわらず、不思議とその思いは消え去ることがなかった。むしろ歳を重ねるにつれてその意味するところが少しずつ鮮やかになり、心に迫るようになっていった。要するにイエスさまの十字架は愛なのであり、愛がすべてなのだということ、そして愛されたら愛するのだということが。

ささげられるものは……

高校三年の冬、進路選択を迫られていた時のこと。十六歳の冬に父が亡くなってから、その壮絶《そうぜつ》な生き様、死に様を目の当たりにして自分の生き方を深く問われるようになった。

その一方で、自分の不真面目さ、いいかげんさも嫌というほど身に染みて、自分はこれからどう生きたらよいのかともがく日々が続いていた。そんな中で辿《たど》り着いたのが、父がその生涯をかけて愛し、信じ、従い、伝え、生きたイエスさまのために、やっぱり自分も生きたいという願いだった。

そう願い始めたものの、特別の才能も秀《ひい》でた技量もなく、勉強もいまいちで運動も平均以下。体もあまり強くなく、やることはどれも不器用。せっかくの願いを抱いても、こんな自分では「イエスさまのために」などと言うのはおこがましいかぎりで、別の道をとも考えたが、最初の願いはそう簡単に過ぎ去らない。

では、自分の心を動かしているものはいったい何だろうかと見つめてみると、そこには、イエスさまに愛されているという事実と、イエスさまのために生きたいという思い。それなら、こんな自分でも使ってもらえるならばどうぞ使ってください、と決心したのだった。

これを「献身《けんしん》」と呼ぶのなら、それは決して高尚《こうしょう》なことでなく、消去法のようにして残った最後の決断という意味に等しい。

愛されたら「負け」

こんな人生を生きてきて、今もまだ途上にありながらそれでも確かなこととして言えるのは、僕たちを動かすのはイエスさまの愛だということ。そして、その愛で愛されたら、愛してくださった方のために生きるほかないということ。

この愛は理屈を超えている。しかし、愛されたらわかる。そして愛されたら愛したくなる。それは命令による強制とは対極の、愛による自由な応答だ。愛は応答を呼び覚まし、手足を動かす具体的な力となり、そしてその力は自分の限界を超え出ていく。

イエスさまの十字架の愛で愛されたら、「負け」を認めるほかない。自分のために生きる人生に降参し、イエスさまのために生きる人生を歩み始める時、それが実に生きがいのある自分らしい人生となり、損得勘定を超えた価値ある日々となり、イエスさまのために重荷を背負って生きるのも悪くないと思えるようになるから不思議だ。

愛されたら「負け」、でも負けるが勝ち。そんな人生があると証ししたい。

13章　信じること、生きること

一九八四年十二月二十三日、高校一年生のクリスマス礼拝で洗礼を受けてから、今年で四十年になる。

洗礼式に先立って、当時すでに末期の膵臓《すいぞう》がんで浜松のホスピスにいた父から、その日の受洗者たちに送られたみことばが読み上げられた。

「死に至るまで忠実でありなさい。そうすれば、わたしはあなたにいのちの冠を与えよう。」

（黙示二章一〇節、新改訳第三版）

あまり物事を深くとらえることもなく、生きることも死ぬことも深く考えることのなかった十六歳の僕にとっては、「死に至るまで」とは途方もなく彼方《かなた》にあるものを指す、漠然とした言葉に聞こえても不思議ではなかったと思う。

けれども、その時の僕にとってこの言葉はズッシリと重く、そしてリアルな言葉として響いてきた。それは文字どおり、死に向かうベッドの中から送られてきた言葉ゆえのリアリティーだった。実際、父はこの洗礼式のあった日曜日の翌日から昏睡《こんすい》に入り、目覚めることなく一週間後に天に召されていったのだった。

その日以来、「死に至るまで忠実で」は、絶えず自分の生き方を問う言葉となった。

自分は忠実に生きているだろうか。この日をその価値にふさわしく生きているだろうか。生かされているいのちを浪費していないだろうか。そう問いながら、時には自分のふがいなさを嘆き、自分の怠惰《たいだ》さを悔い、自分の不忠実さにうなだれ、それでもまた思い直し、顔を上げて、歩み出すということを幾度となく繰り返してきた。「反復は成長への道」というけれど、いまだ成長の実感は乏しい。それでもこの言葉のように生きたい、という思いだけは抱きながら歩み続けてきたように思う。

リアリティーを求めて

このような歩みを続けるうちに、自分の中でいつしかこんなフレーズが繰り返されるようになった。

「信じることと生きることとが分かたれない生き方をしたい」

信じているとおりに生きたいと思うし、生きることにつながる信じ方をしたい。そこに裏表や本音と建て前がなく、使い分けをしたり、言い訳をしたり、偽ったり、装ったりする必要のない、一つにつながった生き方をしたいと思うようになった。

要するに、そこで大切なのは「リアリティー」の問題なのだ。生きることの手応《てごた》え、今、生きていることのリアリティー。目覚めること、食べること、飲むこと、学ぶこと、遊ぶこと、働くこと、喜ぶこと、笑うこと、泣くこと、怒ること、悲しむこと、話すこと、黙すること、出会うこと、別れること、祈ること、眠ること、等々。「信じること」は本来、これら生きることを最もリアルにするものであって、その逆ではないはず。

しかし、しばしば「信じること」は「生きること」のリアリティーから切り離され、そこから目を逸《そ》らさせるもののようになってしまった。

そして、「聖なるもの」と「俗《ぞく》なるもの」という二つの領域を設け、

「信じること」を「聖なるもの」に限定して結びつけることによって、「信じること」そのものがリアリティーを失って抽象化しやすいものに変化してしまった。「生きること」のリアリティーも「俗なるもの」に分類され、それらは拒絶されるべきもの、否定されるべきもの、排除されるべきものとされ、その結果、「生きること」のリアリティーを位置づける場が失われてしまったのだ。

パンのために生きること

聖書は「人はパンだけで生きるのではなく、神の口から出る一つ一つのことばで生きる」(申命八章三節、マタイ四章四節)と語る。「パンで生きる」ことの否定でなく、「パンだけで生きる」ことへの警告だ。

パンはいらない、神の言葉だけで生きるというのではない。神の言葉だけで生きることが聖なる生き方だというのでもなく、パンのために生きることを俗なる生き方だと否定するのでもない。朝ごとに神の下さるマナで生きるように、神の口から出る一つ一つの言葉をまさに生きるための糧《かて》とし、その言葉のリアリティーに生かされて、「私たちの日毎《ひごと》の糧を、今日もお与えください。毎日お与えください」と祈りつつ額に汗して働き、今日のパンのために、毎日のパンのために生きていく。

まさに祈ることと働くこと、信じることと生きることは、互いに決して切り離すことのできない聖なるリアリティーなのだ。

学ぶことの意味がわからなくなる時があり、働くことの意欲がわかない時もある。何をやってもうまくいかない時があり、息をする気力も失せる時がある。一歩も前に進めないと思う時があり、すべてを投げ出してしまいたくなる時がある。いつも目の前にはっきりと意味が見いだせるとは限らない。だからこそ僕たちは問い続け、迷い続け、悩み続ける。求め続け、探し続け、叩《たた》き続ける。それが「信じること、生きること」

のリアルな姿なのではないだろうか。

信じること、生きること

答えを多く得ることよりも、問いを多く抱えながら生きるリアリティーを求めたい。答えの出ない問いを抱きながらも、なお問うことをあきらめずに懸命に生きる時、生きる日々の輪郭がはっきりしてくる。そして、やがて明らかになるリアリティーに圧倒される日が来る。その日を待ち望みながら、信じつつ生き、生きつつ信じる歩みを続けたい。

「ことばは人となって、私たちの間に住まわれた。」

（ヨハネ一章一四節）

これ以上ないリアリティーをもってこの地上に来られ、十字架という出来事によってご自身の愛を示され、身体をもってよみがえられた神の御子を仰ぎつつ、信じることと生きることが分かたれない生き方をしたいと心から願う。

最後まで歩くことをやめないで　〜かなり長めのあとがき〜

「走るペテロが好きだ」と書いた（8章「走りながら考える」参照）。パウロも「うしろのものを忘れ、前のものに向かって身を伸ばし、……目標を目指して走っている」（ピリピ三章一三、一四節）人だった。

聖書そのものも、僕たちの信じて生きる生涯を励ますように、「主を待ち望む者は新しく力を得、……走っても力衰《おとろ》えず、歩いても疲れない」（イザヤ四〇章三一節）と約束し、「自分の前に置かれている競争を、忍耐をもって走り続けようではありませんか」（ヘブル一二章一節）と叱《しっ》咤激励《たげきれい》する。

僕自身もこれまでの人生を「走る」ように生きてきた。陸上部に属していたこともなく、実際には走るのも遅く、マラソンやランニングを日課にしているわけでもないのだが、ともかく自分の生き方を表す言葉として、「走る」ことを大切にし、精いっぱい走ってきたつもりだし、これからも走り続けたい。そう願いつつ、走りながら考え、走りながら生きてきた。

　そのようにして走り続けてきた足が、ある日、パッタリと止まってしまうという経験をさせられた。いつものように最初の一歩の足が前に出ない。今までに感じたことのない不安や恐れがやって来て、胸がギュッと締《し》めつけられ、眠ることも起き上がることもできない。走っている途中でばったりと倒れ込んでしまったのだ。

　しつこいように繰り返すが、僕は「実際に走る人」ではない。過去に何度かジョギングをしたことはあったが、すぐに膝が痛くなって止めてしまった。牧師仲間にはフルマラソンを走ったり、トライアスロンやトレイルランをする強者もいるが、四〇キロ以上や、時には一〇〇キロ以上を走り続ける人がいるということは驚きでしかない。

しかしどんな強いフィジカルと精神力を持つ人でも、いつまでもどこまでも走り続けられるわけではない。

人の生き方もそれと同様で、ずっと走り続けるように生きることはできない。じつに当たり前のことなのだが、僕はそのことに気づいていなかった。あるいは気づいていても、自分は大丈夫だと思っているところがあった。どんなに疲れても、どんなに強いストレスを抱えても「一晩でも寝れば、また明日から走り出せる」と思い上がっていたのだ。

自分の身に起こった初めての出来事に当初は大きく揺さぶられたが、周囲の理解と応援、助けをいただいて、一切の働きから退《しりぞ》いて少し長めの休みを取ることとなった。それまでの詰められるだけスケジュールを詰め込んで突っ走っていた日々から、何もできない状態になって、最初はずいぶんと落ち込んだ。毎日ただベッドの中でうずくまるような状態がしばらく続いた。

そのうちに、「なるべく身体を動かすこと」、「陽を浴びること」を勧められ、「歩く」ことを始めた。そして、この「歩くこと」が僕を支えてくれる大きな力となっていった。

最初は自宅の周りを十五分ほど散歩することから始めたのだが、やがて少しずつ距離が延び、歩数も増え、毎日の日課となった。静養《せいよう》のために自宅を離れてしばらく滞在した先でも毎日歩いた。だいたい八キロから一〇キロぐらい。一万歩から一万三千歩ぐらいだろうか。

歩いている時は、ただ歩いていることだけに集中することができた。負っている責任、待ち受けている仕事、キャンセルしなければならない奉仕、焦る気持ち、申し訳ない気持ち、やるせない気持ち。そういった感情が、不思議と歩いている時にはどこかに消えてしまい、ただ自分の右足と左足の交互の動きだけを考え、ほんの数メートル先を見つめて黙々と歩く。時々立ち止まって空を見上げる。この何でもないような「歩く」という行為が、僕を生かしてくれたと実感している。

「走り続ける人生」に憧れながらも、「歩き続ける人生」もまた味わい深いもの。

聖書を読めば「歩くこと」はそのまま「生きること」に置き換えてもよい言葉だ。そういう意味では「信じること、生きること」は、「信じること、歩くこと」と言ってもよいのかもしれない。

僕は村上春樹が好きで、彼の書いたものをかなり初期からせっせと読んできた。村上春樹の書く長編も好きだし、短編も好きだが、この人の書くエッセイがとても好きだ。中でもお気に入りの一つが『走ることについて語るときに僕の語ること』（文藝春秋社、二〇一〇年）。

実際にランナーとして毎日走り続けている著者が、「走ること」と「書くこと」との深い結びつきを実際の走る経験と重ねて書くというものなのだが、その最後の章に、村上春樹が「もし自分が死んだら墓誌《ぼし》に刻んでほしい」といって紹介するこんな言葉が出てくる。

「少なくとも最後まで歩かなかった」

物理的にレースを走るランナーからすれば、「少なくとも最後まで歩かなかった」というのは、特別の価値と尊さを持つことなのだろう。しかし僕たちの「生きる」という営《いとな》み、すなわち「歩く」という営みにおいて重要なことは、「最後まで歩くことをやめない」ということだろう。

ひとりの人の人生にどれだけの長さがあるのかはわからない。それがあらかじめわかっていればペース配分もできるのに、と思わないでもないが、僕たちは明日のことは明日にゆだねて目の前の道を一足一足歩き続ける。それがいかに単調に思え、いかに鈍重《どんじゅう》に思え、いかに難しい問いに直面し、いかに困難の中を通らされ、いかに無様《ぶざま》で不格好な姿になったとしても。

父なる神さまが下さった生を、御子イエスさまが贖《あがな》ってくださった生を、そして聖霊がうちに住んでくださっている生を、その生にふさわしく一日ずつ一歩ずつ丁寧に誠実に歩いて行くこと。与えられた生を、その与えられた生にふさわしく生き切ること。次々と起こってくるややこしい問題や肩に食い込む重荷を背負いつつも、歩き続けた果てに神さまが見せてくださる光景を楽しみに待ち望みながら、ユーモアを忘れずに歩み続けること。

最後まで歩くことをやめないで。

大人になった「僕」が、十代の「僕」に伝えたいことはこれに尽きる。

「あなたの恵みは　私の目の前にあり
あなたの真理のうちを　私は歩み続けました。」

（詩篇二六篇三節）

ほんとにほんとのあとがき

本書の原稿を書きながら、「十代の僕」とともに「伝えたい」と思い続けてきた一人の青年がいます。彼は十代の終わりに、自分で自分の人生に区切りを付けていってしまいました。

すべてのことが一段落して彼の家を訪ね、彼の部屋に通してもらいました。そこで僕は言葉を失ってしまいました。部屋の壁一面にたくさんの紙が貼り付けてあり、そこには彼のさまざまな問い、悩み、叫びのような言葉が記されていました。

僕は牧師として彼と関わりながら、その問いのどれ一つとして一緒に考えたり、悩んだりすることができないまま彼を送ることになってしまったのでした。

それからもう十数年経ちますが、いつか彼ともう一度語り合う時を持ちたいという願いを心の深いところに抱き続けてきました。連載のお話をいただいた時に、それがこの機会なのかもしれないと思いました。毎回、彼に向かって書き続けてきたというのが正直な思いです。

それが彼の納得に至ったか自信はありませんが、あとは天の御国での再会の折に語り合うことを楽しみにしたいと思っています。

最後に連載の機会を与え、書籍化まで伴走してくださったいのちのことば社出版部の米本円香さん、毎回、草稿を読んで励ましと示唆《しさ》に富んだコメントをくださった東京基督教大学の卒業生・在学生である岩橋映美さん、菅野基似さん、渡邊愛結さんにこの場を借りて感謝を伝えます。

ありがとうございました。

本書は、東京基督教大学で学ぶ学生のお一人一人にささげたいと思います。

二〇二四年　四月

朝岡　勝

信じること、生きること
大人になった「僕」が、10代の「僕」に伝えたいこと

2024年6月25日　発行

著　者　朝岡　勝

印刷製本　モリモト印刷株式会社

発　行　いのちのことば社
〒164-0001 東京都中野区中野2-1-5
電話 03-5341-6924（編集）
03-5341-6920（営業）
FAX03-5341-6921
e-mail:support@wlpm.or.jp
http://www.wlpm.or.jp/

ISBN978-4-264-04495-6

著者

朝岡　勝（あさおか・まさる）

1968年、茨城県出身。

東京基督教短期大学、神戸改革派神学校卒。

日本同盟基督教団市原平安教会牧師。

著書に、『ニカイア信条を読む』『ハイデルベルク信仰問答を読む』『増補改訂　「バルメン宣言」を読む』『喜びの知らせ』『光を仰いで』ほか（以上、いのちのことば社）、『教会に生きる喜び　牧師と信徒のための教会論入門』（教文館）ほか。